ACHTUNDNEUNZIGMAL

„AB"

LEBEN

AF201017

HERTALDIS OFFERMANN

ACHTUNDNEUNZIGMAL

„AB"

LEBEN

Bibliografische Information der Deutschen
Nationalbibliothek:

Die Deutsche Nationalbibliothek verzeichnet diese
Publikation in der Deutschen Nationalbibliografie;
detaillierte bibliografische Daten sind im Internet über
http://dnb.dnb.de abrufbar.

Lyrik © 2017 Hertaldis Offermann, Berlin

Herausgeber und Gestaltung:
Ralf Höpfner, Hamburg
Fotos © 2017 Hertaldis Offermann, Berlin
Herstellung und Verlag:

BoD – Books on Demand, Norderstedt

© 2017

ISBN: 978-3-744-83075-1

ACHTUNDNEUNZIGMAL „AB" LEBEN

WIE LERNEN ALS KINDER DAS ABC ---

DOCH SCHMERZT SCHON EINE VORSILBE

AUS NUR DEM A UND DEM B

DIE SINNVERÄNDERUNG IST SEHR ENORM

ICH WURDE STUTZIG BEIM STILLEN ERÖRTERN

WAS DIE SILBE AB SO MACHT MIT DEN WÖRTERN

SO HEISST ABLEBEN ANGEBLICH GESTORBEN

DOCH FINDE ICH DASS DAS WIRKLICH IST FALSCH

DENN ABLEBEN IST SO WAS WIE TELLER ABESSEN

JEDES TEIL GEHT DURCH DEN HALS

WIRD GEKAUT UND GESCHLUCKT

VERARBEITET VERDAUT GIBT NEUE KRAFT

SO DIESES ABLEBEN VORAUSSETZUNG WIRD

DASS VORGEGEBENES SCRIPT

DANN ALS LEBEN HERUMSCHWIRRT

Berlin, den 27.8.2017

WIR MÜSSEN SCHON FRÜH IN UNSEREM LEBEN

DIE DISZIPLIN FÜR DAS ARBEITEN LERNEN

DENN SO KANN DER NORMALE SICH SELBER

ERNÄHREN

OB ER SAMMELT DIE BEEREN

ODER JAGT WILDE TIERE

ODER EIN ANDERER IHM GIBT FÜR DIE ARBEIT

ENTGELD

ÄNDERT NICHTS DARAN DASS ES

ZUM MENSCHLICHEN DASEIN FÜR DIE MEISTEN

MENSCHEN ZU ETWAS NÖTIGEM ZÄHLT

STREBEN WIR JEDOCH SELBER NACH EINEM ZIEL

MÜSSEN WIR DIE AUFGABEN DAFÜR ABARBEITEN

MIT GROSSER MÜH

OB ES DER HOLZHAUFEN

DER HARRT DES ZERKLEINERN

ODER DAS SCHREIBEN AN DER DISSERTATION

IN JEDEM FALL IST ABARBEITEN BEDEUTSAM

WEIL WIRD DAS ZIEL IM GEISTE BEREITS

VORGEDACHT SCHON

GESELLSCHAFTEN WOLLEN BILDEN

DEN NACHWUCHS

SIE BILDEN INSTITUTIONEN DAFÜR

DOCH ABBILDEN KANN DER KÜNSTLER FIGUR

ODER FOTOGRAF

WAS SICH BIETET DAFÜR IN UNSEREM GEISTE

KANN AUS DER ERFAHRUNG

DAS ABBILDEN DES ALTEN DIE ZIELE GESTALTEN

UND DANN IN DAS REALE GEZOGEN HELFEN

ALS HANDLUNGSSCHRITTE DIE ZIELE ZU GESTALTEN

DRUM PRÜFE WER SICH BINDEN WILL

OB DIESER MENSCH DAZU GEEIGNET

DENN DAUERHAFT SOLL ES BESTEHEN

UND BEIDER LEBEN NEU GESTALTEN

DOCH MUSST DU SCHLIMMERES VERHÜTEN

WENN VERLETZUNG MAL BEDROHT EIN LEBEN

MUSST DU ABBINDEN FÜR KURZE ZEIT

BIS DER ARZT KANN DAS BEHEBEN

VOR DEM VERBLUTEN ES BEWAHRT

WEIL DU DAS ABBINDEN GELERNT

BRECHEN MIR FEINDE DAS GENICK

IST DAS FÜR MICH EIN TODESGESCHICK

DOCH WERDE ICH MIR KEINEN ZACKEN ABBRECHEN

WENN ICH MAL IN EINEM BISTRO WERDE ZECHEN

BEOBACHTEST DU DASS MENSCHEN DEN WILLEN

OB BEI TIER ODER MENSCH WOLLEN BRECHEN

SOLLTEST DU COURAGE AUFBRINGEN

DASS SIE DIESES VERHALTEN ABBRECHEN

ICH BRINGE LIEBEN MENSCHEN EIN GESCHENK

UND BRINGE DAMIT FREUDE ZU DEM ANDERN

BEMERKE ICH EINE BÖSE ABSICHT

DIE ANDEREN SCHADEN BRINGEN SOLL

MÜSSTE ICH ALLE KRAFT AUFWENDEN

WEIL ICH IHN DAVON ABBRINGEN WILL

WIDERSPENSTIGE FRISUR

WERDE ICH SO LANGE BÜRSTEN

BIS DIE HAARE SICH FÜGEN

DEM HUND ZU SEINEM WOHLGEFALLEN

SIND DIE AUSGEGANGENEN HAARE

AN MEINER KLEIDUNG ZU SEHEN

WERDEN ICH ZUM ABBÜRSTEN ÜBER DANN GEHEN

JEDEN MOMENT UND JEDE SEKUNDE

IST EIN GRUND ZUM DANKEN GEGEBEN

GESUNDHEIT UND FREUDE

MENSCHEN UND TIERE

DIE BEREICHERN DAS LEBEN

SIND NICHT SO SELBSTVERSTÄNDLICH ANZUSEHEN

DOCH ABDANKEN KANN NUR EINER

AUS BESTIMMTER HÖHE

IN DIE ER DURCH SICH SELBER

ODER DURCH ANDERE GEKOMMEN

UND GEHT ER DANN HERAB IN DIE EBENE ANDERER

WIRD SEIN ABDANKEN DANKEND ANGENOMMEN

ESSEN IST EINE NOTWENDIGKEIT ZUM LEBEN

DER EINE PFLEGT DABEI KULTUR

UND DER ANDERE STILLT DEN HUNGER SICH NUR

DOCH MANCHMAL SPIELT DIE LUST EINEN STREICH

UND DIE CREME VON DER TORTE WILL MAN

ABESSEN GLEICH

MANCH ELTERNTEIL ERZIEHT UNS DAZU

DEN TELLER ABZUESSEN DAMIT MAN HAT RUH

DIE SONNE SOLLE DANN SCHEINEN NOCH MEHR

WENN VOM TELLER ALLES ABGEGESSEN WÄR

HABE ICH ROLLEN UNTER DEM KÖRPER

KANN ICH FAHREN WOHIN ICH AUCH WILL

OB MIT DEM ZUG DEM AUTO DEM FAHRRAD

RÄDER SOGAR UNTER DEN SCHUHEN

GEHÖREN DAZU

VERKÜNDE ICH ABER DEM BESUCHTEN

DASS ICH ABFAHREN WERDE

KÖNNEN SEHR DIVERSE GEFÜHLE ENTSTEHEN

HABE ICH GENERVT FREUT ER SICH DRAUF

WAR ICH ERWÜNSCHT HÄLT ER MICH AUF

TREIBT MICH DIE EIGENE SEHNSUCHT DAVON

FREUE ICH MICH AUF DAS ABFAHREN SCHON

WERDEN MEINE HAARE

MIT ZUNEHMENDEM ALTER GRAU

ÜBERLEGE ICH OB SIE ZU FÄRBEN SICH LOHNT

EIGENTLICH VERDECKE ICH LEBENSSPUREN UND

WILL MIR EIN FREMDARTIGES AUSSEHEN ZULEGEN

ABFÄRBEN KÖNNEN ABER

NICHT NUR SCHLECHTE WANDFARBEN

AUCH CHARAKTERE SICH MANCHMAL SO SCHADEN

SELTEN FÄRBT QUALITÄT

SOWOHL IN DER FARBE ALS AUCH IM WESEN

MEIST IST ES DAS UNANGEMESSENE GEBAREN

DRUM SCHUF SCHLAUE MENSCHHEIT

DEN SEHR WEISEN SPRUCH

DASS DER UMGANG

AUF DEN MENSCHEN OFT ABFÄRBEN WIRD

ÄPFEL FALLEN NICHT WEIT VON DEN BÄUMEN

EBENSO WIE JEDE ANDERE FRUCHT

FALLEN DIE IDEEN AUS KREATIVEN GEISTERN

ENTSTEHEN GEMÄLDE PLASTIKEN OPERN ROMANE

MANCHER LÄUFT SOLCHEN MENSCHEN GERN NACH

WEIL ER HOFFT DASS VOM RUHM

ETWAS ABFALLEN KÖNNTE DERART

DASS DIE LICHTER FALLEN

AUF DIE SCHATTENPERSON

WENN DER LEISTENDE IST LÄNGST SCHON DAVON

IST DER HIMMEL DANN MAL BEWÖLKT

WERDEN ZUERST ABFALLEN

DIE SICH IM GLANZE GEAALT

FANGEN KANN ICH SCHMETTERLINGE

WIE IDEEN IM GESPRÄCH

SCHNEEFLOCKEN IN MEINEN HÄNDEN

MIT DEN OHREN TIERGERÄUSCH

DOCH DIE MISSGUNST WIRD DRAUF SINNEN

WIE SIE ABFANGEN KANN

DAS WAS ALS NACHRICHT AN DIE ANDERN

ZUR FREUDE UND ZUM SIEG EIN FREUND ERSANN

FASSEN WERDE ICH DIE HÄNDE

DIE ZUM GRUSSE MIR GEREICHT

UM ZU ZEIGEN MEINE FREUDE

DASS DER FREUND MICH HAT ERREICHT

RICHTE ICH AN EINE STELLE

EINE BITTE IN SCHRIFT FORM

WERDE ABFASSEN DEN TEXT

DAMIT ER PASST IN FREMDE NORM

JEDES WORT WIRD KALKULIERT

WIE KÖNNTE ES SEIN FEHLGEDEUTET

DESHALB IST ES ANGESAGT

DASS KRITISCH GEIST DEN TEXT ABFASST

EINE UNGESUNDE FRUCHT FÜHRT ZUM FAULEN

MANCHER ERNTE

WIE FAULEN DEN EHRGEIZ UNTERBRICHT

WENN WEG ZUM ZIEL WIRD HEIMGESUCHT

MANCHES KANN MAN ABFAULEN SEHEN

OBWOHL ES NOCH IN KEINER REIFE

WEIL SCHÄDLINGE DIE FRUCHT ZERSTÖREN

WIE MANCHMAL UMWELT ZWINGT

BESONDERE CHARAKTERSTÄRKE ZU ENTWICKELN

DIE SCHUHMACHER FERTIGEN SCHUHE AUF LEISTEN

DER TISCHLER DEN SCHRANK

AUS TROCKENEM HOLZ

DOCH STEHT EINE SCHLANGE AN EINEM SCHALTER

ERSEHNEN ALLE DAS ABFERTIGEN BALD

EGAL OB DIE FAHRKARTE

DER ANTRAG AUF GELDHILFE

ODER DAS FAHRZEUG BENÖTIGT DEN STEMPEL

IMMER MUSS MAN SICH SELBER AUSLIEFERN

BEVOR DAS ABFERTIGEN KANN DANN BEGINNEN

DAS TROCKENE HOLZ NEHME ICH ZUM FEUERN

OB ZUM GRILLEN WÄRMEN ODER ZUR FREUDE

DOCH ABFEUERN KANN ICH NUR DIE GESCHOSSE DIE

DIE ZIELE ERREICHEN DANN BALD

NICHT IMMER IST ES DIE BÖSE ABSICHT

AUCH DAS FEUERWERK MUSS MAN ABFEUERN

DANN IST ABER DER HIMMEL DAS ZIEL

UND ICH NUR FROHSINN BEREITEN SO WILL

IN DEM WALD WILL ICH PILZE FINDEN

WIE DER PERLENFISCHER PERLEN IN DER MUSCHEL

HABE ICH ETWAS VERLEGT

VERSUCHE ICH ZU FINDEN UNENTWEGT

DOCH HAT MICH EIN VERLUST BETROFFEN

DEN ICH NICHT MEHR ÄNDERN KANN

WIRD NUR NOCH ABFINDEN DAMIT HELFEN

WEIL SONST KEINE KRAFT FÜR NEUE SAAT

SO LOCKT MANCH ARBEITGEBER OFT DAMIT

DASS ER ABFINDEN VERSPRICHT

WENN WER SEINEN PLATZ VERLÄSST

DER IHM WÄRE NOCH GERECHT

WOBEI DAS WORT MICH SCHON SEHR NERVT

DENN ABGEBEN WÄR DOCH ANGESAGT

IM TRÜBEN FISCHEN

ZEIGT UNKLARE SICHT

UND AUCH KEIN ERFOLG SICH DABEI VERSPRICHT

DOCH ZUM ABFISCHEN

GEHE ICH GERN AUS DEM HAUS

WEIL MIR DAS NOCH ÜBRIGE ZUM FISCHEN

VERBLEIBT

FORDERN KANN DIE BANK EINE SCHULD

ODER DER LEHRMEISTER BESTIMMTE LEISTUNG

DOCH WIRD DAS ABFORDERN

OHNE BEACHTUNG DES MÖGLICHEN GEPFLEGT

SCHON MANCHER SCHADEN SICH EINGESTELLT

ZUM BEISPIEL AUCH BEI DRESSUR WILDER TIERE

ODER BEI SPORTLERN IN SEHR HARTEM TRAINING

DAS ABFORDERN MUSS SEIN

AN MÖGLICHEM GEMESSEN

DANN WIRD DER ERFOLG

AM EIGENEN FORDERN GEMESSEN

ICH FÜHLE DIE STIMMUNG

DIE WÄRME

DIE LAUNE

DIE LIEBE

DEN HASS

DIE FREUDE

DIE TRAUER

DOCH SUCHE ICH DIE STECKNADEL

IN EINEM HAUFEN

MUSS ICH ABFÜHLEN WO SIE SICH VERLAUFEN

BIN ICH GEEIGNET EINE GRUPPE ZU FÜHREN

VERFÜGE ICH ÜBER BESTIMMTES KÖNNEN

ODER WISSEN DEM DIE ANDEREN

SICH VERTRAUENSVOLL ZUORDNEN

WILL MICH ABER EINER ABFÜHREN

WERDE ICH MICH MIT ALLEN MIR GEBOTENEN

MITTELN DAGEGEN WEHREN

NUR GEGEN DAS ABFÜHREN DER STEUERN

AN DEN STAAT

KANN ICH MICH NICHT ERWEHREN

SONST FÜHREN SIE MICH DORT ALS BETRÜGER

GEBEN KANN SCHON JEDES KIND

WENN KEIN GESCHENK DANN DOCH VIELE FREUDE

DOCH ABGEBEN VERLANGT

DEN ANDEREN ZU SEHEN

UND IHM ETWAS VOM EIGENEN GÖNNEN FREIWILLIG

OHNE GEGENGUNST ANZUSTREBEN

IST DAS WERTVOLLSTE GEBEN IM SEIN

DENN MEIST WIRD EIN ZWECK DAMIT VERBUNDEN

WENN ICH ABGEBE

WILL ICH AUCH VON DEM DEINEN

MANCHMAL IST ES KEIN MATERIELLES DING

WAS DEN BESITZER WECHSELT

DOCH LIEBE GEBEN

WILL VON EIGENER HERZENSWÄRME

DAS ERWÄRMEN DER ANDEREN SEELE ANSTREBEN

GEHEN MÜSSEN WIR NICHT NUR MIT DEN BEINEN

AUCH DURCHS LEBEN TAG FÜR TAG

DAS ABGEHEN AUF DER BÜHNE DES THEATERS

IST DIE VORWEGNAHME DES ABGEHENS

VOM LEBEN IN DEN TOD

WIR GEWÖHNEN UNS

AN DAS WESEN DER MITMENSCHEN

WENN WIR IHNEN GEWOGEN SIND

WER DEM GELIEBTEN MENSCHEN

WAS ABGEWÖHNEN WILL

WIRD BALD FÜHLEN

DASS DIESER SICH ABGEWÖHNT

SICH AN DES ANDEREN UNARTEN

DIE JEDER IM LEBEN ENTWICKELT

ZU GEWÖHNEN

SCHÜLER SOLLEN IM UNTERRICHT

OFT ZUR TAFEL GUCKEN

DAZU FORDERN DIE LEHRER SIE AUF

DOCH WOLLEN SIE VOM NACHBARN ABGUCKEN

REAGIERT JEDER PRÜFER GIFTIG DARAUF

HAUEN IST EINE MENSCHLICHE ART

NICHT ÜBER SPRACHE ZU VERFÜGEN

UND SICH WIE DIE TIERE

DER EXTREMITÄTEN ZU BEDIENEN

DAGEGEN IST ABHAUEN ALLEN ZUEIGEN

WENN DIE STÄRKE DES ANDEREN

SICH IM KAMPFEE WIRD ZEIGEN

ODER DER MENSCH BEI VERBOTENEM ERTAPPT

EHE DER GESCHÄDIGTE

DEN DELIQUENTEN SICH SCHNAPPT

DAS HOLZ MUSS ICH ZUM FEUERN ERST HACKEN

UM ES DANN ZWECKDIENLICHST

AUCH ZU VERBRENNEN

DOCH MUSS DIE SORGFALT MICH DABEI

STETS LENKEN

SONST KÖNNTE DIE AXT SICH

BEIM ABHACKEN DER ASTWIRBEL VERLENKEN

VOM ABHACKEN DER HÜHNERKÖPFE

BEIM SCHLACHTEN WEISS JEDER

DASS DIE KÖRPER NOCH LAUFEN

IN IHREM GEFIEDER

DEN STAHL ERHALTEN WIR

DURCH HÄRTEN DES EISENS

WEIL WIR DIE ATOME DURCH HITZE VERDICHTEN

SO WERDEN WIR MENSCHEN DURCH ERLEBEN

ABHÄRTEN

WEIL DIE ERFAHRUNGEN UNSERE GEFÜHLE

VERDICHTEN

AUCH DIE GESUNDHEIT KANN MAN SO SCHÜTZEN

INDEM MAN IHR ANGRIFF VORGAUKELT

UND SIE ZUR ABWEHR SICH WAPPNET

UND DER VOLKSMUND DANN

VON ABHÄRTEN SPRICHT

GEWASCHENE WÄSCHE WIRD ZUM TROCKNEN

AUF LEINEN GEHÄNGT

DAMIT DIE LUFT DIE NÄSSE RAUSBLÄST

DOCH MEINT DAS ABHÄNGEN DER TIERE

DAS WARTEN VOM SCHLACHTEN ZUM ZUBEREITEN

WIE ES DIE GUTE KOCHKUNST ES ALLEN LEHRT

BEI JUGENDLICHEN IST ABHÄNGEN BEGEHRT

WEIL ABSOLUTES NICHTSTUN IST ANGESAGT

DEN SCHATZ ZU HEBEN

IST DES ARCHÄOLOGEN GRÖSSTES ZIEL

ALL SEIN MÜHEN IST DARAUF AUS

VORSICHTIG WIRD ER DEN SAND

DARÜBER ABHEBEN

UM NICHTS ZU BESCHÄDIGEN

HEBEN ABER KANN ICH AUCH EINE LAST

JEDOCH ABHEBEN VON ANDEREN KANN ICH MICH

INDEM ICH BESONDERES LEISTE

HEILEN KÖNNEN MANCHE WUNDEN

WENN SIE NICHT DAS MARK GETROFFEN

OFT BEDARF ES NUR DER ZEIT

DASS DER SCHMERZ LANGSAM VERGEHT

AUSSEN KANN MAN ABHEILEN GUT ERKENNEN

DOCH DARUNTER TOBT MANCHMAL DAS BLUT

SO IST ES OFT AUCH MIT DER SEELE TIEFER GRAM

NOCH IN UNS KEIMT

OBWOHL WIR WIEDER IN DEM TRUBEL

UND ALTE WUNDE SCHEINT ABGEHEILT

HETZEN HUNDE EINEN HASEN

IST ES OFT NUR EIN INSTINKT

DOCH HETZEN WIR UNS SELBST DURCHS LEBEN

DAS ABHETZEN NUR DEN FRUST UNS BRINGT

HETZEN UNS ANDRE KÖNNEN WIR UNS VIELLEICHT

WEHREN

DOCH ABHETZEN ALS EIGENTRIEB

KANN NIEMAND BEKEHREN

AUF LIEBEN RAT VON LIEBEN MENSCHEN

SOLLTE MAN HÖREN

DAS WIRD DANN SICHERLICH AUCH NICHT SCHADEN

DOCH ABHÖREN KANN WAS GUTES

UND SCHLECHTES BEDEUTEN:

BELAUSCHT MAN PRIVATES IST ES VERRAT

DOCH BEIM LERNEN DAMIT ZU HELFEN

IST GUTE TAT

RAT HOLEN IST EIN VERNÜNFTIGES VERHALTEN

UM DIE ERFAHRUNG ANDERER ZU NUTZEN

DOCH WENN DER RATGEBER DEN BITTENDEN

IN SEINEM ENTWICKLUNGSPUNKT

NICHT ABHOLEN KANN

WIRD SEINE ERFAHRUNG IM WINDE VERWEHEN

IM GESPRÄCH MITEINANDER IST DAS ABHOLEN

EBENSO BEDEUTSAM

WIE DAS WOHLWOLLENDE HOLEN

DER ANDEREN MEINUNG

DASS TIERE EINDRINGLINGE

AUS IHREM REVIER JAGEN

IST FÜR IHREN BESTAND TEILWEISE NÖTIG

WIR MENSCHEN JAGEN ERLEBNISSEN NACH

AUS ANGST ETWAS VON MÖGLICHEM ZU VERPASSEN

SPORTLER WOLLEN DIE SIEGESTROPHÄHEN

BISHERIGEN TRÄGERN ABJAGEN

WENN MÄNNER ODER FRAUEN

NACH PARTNERN JAGEN

KOMMT ES MANCHMAL AUCH ZUM ABJAGEN

BEREITS VERGEBENER

UNSERE NAHRUNG SOLLEN WIR KAUEN

DAMIT DIE VERDAUUNG SCHON IM MUNDE BEGINNT

MANCHMAL MUSS MAN AUCH

AM MISSERFOLG KAUEN

BIS NEUER MUT

UNSEREN TATENDRANG NICHT MEHR HEMMT

MANCHE MENSCHEN FALLEN DADURCH AUF

DASS SIE ABKAUEN DIE NÄGEL

WELCHE DIE NATUR VOR DIE KUPPEN

ZUM SCHUTZ HAT GESTELLT

KAUFEN KANN ICH WAREN UND LEISTUNG

UND MUSS DAFÜR GEGENWERT GEBEN

DOCH ABKAUFEN MUSS ICH NICHT

JEDE GESCHICHTE DIE MIR UNLAUTERE MENSCHEN

BRÜHWARM ERZÄHLEN

JEDER SOLLTE VOR SEINER TÜR KEHREN

SAGTE DER VOLKSMUND GEGEN DEN TRATSCH

ABER ABKEHREN WERDEN SICH REDLICHE

VON GEMEINEN MENSCHEN DIE UNHEIL BRINGEN

UND SICH DIE ZEIT VERTREIBEN

MIT SCHADENDER TAT

INSTRUMENTE KLINGEN SO GUT

WIE SIE FACHKUNDIG GESPIELT WERDEN

DOCH ERLEBNISSE

DIE IN UNSEREN SEELEN KLINGEN

MÜSSEN ABKLINGEN

DAMIT DAS GEFÜHL WIEDER FREI WIRD

FÜR NEUES IM LEBEN

KLOPFEN WIRD JEDER DER EINLASS ERBITTET

DOCH SUCHT JEMAND GEHEIMFACH

HINTER DER WAND

FÜHRT IHM DAS ABKLOPFEN DANN SEINE HAND

SO WIE DER ARZT DURCH ABKLOPFEN DER LUNGE

DEN KLANG BEWERTET

SO KLOPFEN DIE HERZTÖNE

DURCH DAS STETHOSKOP IN SEINEN DEUTENDEN

VERSTAND

VIEL LEBENSMITTEL MÜSSEN WIR KOCHEN

DAMIT SIE TAUGLICH FÜR MENSCHLICHE SPEISEN

ZUM BEISPIEL DIE GRÜNE BOHNE IST ETWAS GIFTIG

WENN DIE ESSER SIE NICHT KOCHEN

VOR DEM GENUSS

DAS WASSER MUSS MAN IN VIELEN LÄNDERN

NOCH ABKOCHEN WEIL ES SONST ZUR GEFAHR WIRD

FÜR DIE GESUNDHEIT

KLEINSTE LEBEWESEN ZERSTÖREN

DAS GLEICHGEWICHT UND FÜHREN ZUR KRANKHEIT

MANCHE SCHENKENDE KOPPELN BEDINGUNGEN

AN IHRE GABEN

UND BEGREIFEN NICHT DEN ERPRESSUNGSVERSUCH

AUTOANHÄNGER MUSS ICH ABKOPPELN

WENN SIE NICHT MEHR NÖTIG

FÜR LASTENTRANSPORT

KOPPELN SICH BERGSTEIGER

ZUR SICHERUNG ANEINANDER

WERDEN SIE SICH BEI ÜBERWUNDENER

GEFAHR WIEDER ABKOPPELN

JEDER MÜCKENSTICH REIZT ZUM KRATZEN

DOCH AUCH NACHREDEN KRATZEN AM IMAGE

DOCH ABKRATZEN DER ALTEN LACKE

VON DER ZU STREICHENDEN TÜR

IST EINE NOTWENDIGE ARBEIT

FÜR ERFOLGREICHES TUN

WENN KINDER DEN GRIND VON WUNDEN

ZU FRÜH ABKRATZEN

VERZÖGERT SICH DIE HEILUNG ES GIBT NARBEN

UND SIE KRATZEN DANN WIEDER WENN ES JUCKT

WEIL ES HEILT

KINDER KRIEGEN TIERE UND DIE MENSCHEN

UM DIE ART SO ZU ERHALTEN

WENN DER WURF BEI TIEREN SEHR GROSS

KANN ES PASSIEREN DASS NICHT ALLE

GENUG NAHRUNG ABKRIEGEN

IN VIELEN LÄNDERN KRIEGEN MENSCHEN NICHT

GENUG ESSEN ZUM ÜBERLEBEN

UND WEIL OFT VIELE NICHTS ABKRIEGEN

VERHUNGERN NOCH SO VIELE MENSCHEN

AUF UNSERER REICHEN WELT

KÜSSEN IST EINE GESTE DER ZUNEIGUNG UND LIEBE

DOCH ABKÜSSEN HAT WENIG DAMIT ZU TUN

WEIL DER ÜBERSCHWANG

NUR EINE ÄUSSERE AUSDRUCKSFORM

GROSSER MOMENTANER FREUDE IST

WIE OFT SIEHT MAN DASS MENSCHEN EINEN

GEFUNDENEN TALER ABKÜSSEN

ODER EINEN LOTTERIESCHEIN

DAMIT ER IHNEN BRINGT GLÜCK

DEN AKKU MUSS ICH LADEN

DAMIT ER DEN STROM FÜR MEIN HANDY BEREIT

DIE GELADENE FUHRE MUSS ICH ABLADEN

WIE MANCHMAL SORGEN BEI EINEM FREUND

VON UNREIFEN FRÜCHTEN SOLLTE ICH LASSEN

WEIL SIE MEINER VERDAUUNG NICHT DIENLICH

DOCH HAT EIN RAUBTIER GEFANGEN NE BEUTE

WIRD ES NIEMALS FREIWILLIG ABLASSEN VON IHR

AUCH MENSCHEN WERDEN

VON EINEM ANGESTREBTEN ZIEL

NICHT GERN ABLASSEN WENN SICH HÖHERE ZIELE

NUR DAMIT ERREICHEN LASSEN

LAUFEN IST SEHR GESUNDES BEWEGEN

DIE ZAHNRÄDER DER UHREN MÜSSEN LAUFEN

DAMIT SIE UNS DIE ZEIT KÜNDEN

WENN HALTBARKEITSDATEN VON VERPACKTER

NAHRUNG ABLAUFEN

KANN MAN SIE KURZ VORHER BILLIGER ERWERBEN

LEBEN IST DIE BALANCE VERSCHIEDENER STOFFE

IN DER NATUR

DIE ZEIT DIE UNS ZUGEMESSEN VERÄNDERT AUCH

DIE GEGEBENE STRUKTUR

IST DAS GLEICHGEWICHT NICHT MEHR MÖGLICH

SPRICHT DER MENSCH VOM ABLEBEN ALS TÖDLICH

ICH MEINE DASS DAS AUFBRAUCHEN DER ZEIT

FÜR DIE DIE EINZELNE STRUKTUR IST BEREIT

ZUM TODE DANN FÜHRT

LECKEN IST DIE ERSTE ZUWENDUNG

VON VIELEN TIERELTERN ZU IHREM NACHWUCHS

MANCHMAL ERWISCHEN WIR MENSCHEN

WIE SIE NACH LECKEREM ESSEN

DIE TELLER ABLECKEN

AN DEN RÜCKEN EINES FREUNDES

KANN MAN SICH LEHNEN VERTRAUENSVOLL

WIE AN EINE WAND

KOMMT UNANGENEHMER AUFTRAG

AUF JEMAND ZU

KANN ER ABLEHNEN DAS ZU TUN

LEITEN SOLLTE UMSICHTIGER CHEF

DURCH VORAUSSCHAUENDES DENKEN

UND KLUGE STRATEGIE

ABLEITEN ZU HOHER SPANNUNG

IST GEGEN BLITZEINSCHLAG NÖTIG

VON BESTIMMTEM VERHALTEN EIGENSCHAFTEN

ABLEITEN KANN FÜR EIN ZUSAMMENLEBEN

SEHR SINNVOLL SEIN

LIEFERN SCHRIFTSTELLER IDEEN IM TEXT

KÖNNEN FILMEMACHER SIE

IN DIE BILDER UMSETZEN

LIEFERN DIE HÄNDLER PÜNKTLICH DIE WAREN

KANN DER KOCH GUTES ESSEN BEREITEN

DIE DISSERTATION HÄNGT DAVON AB

OB DER STUDENT DIE DOKTORARBEIT

KANN ABLIEFERN

LÖSEN KANN ICH DURCH DREHEN DIE SCHRAUBEN

WIE DURCH SCHEIDUNG AUCH EINE EHE

ABLÖSEN MEINEN KREDIT KANN ICH NUR

DURCH PÜNKTLICHE ZAHLUNG

WENN DER WACHMANN AUF ABLÖSUNNG WARTET

KANN ER SICH ERST DANACH VON SEINEM

WACHAUFTRAG LÖSEN

MACHEN WIR UNSERE ARBEIT HOFFEN WIR

AUF BELOHNUNG DURCH GEHALT ODER LOB

AUCH MACHEN WIR UNS SORGEN

WENN WIR NICHT HELFEN KÖNNEN

WENN ANDERE IN NOT

DOCH ABMACHEN KANN MAN DIE KUGELN

VOM WEIHNACHTSBBAUM WENN DAS FEST IST

VORBEI

ODER EINE VEREINBARUNG AN DIE SICH DURCH

ABMACHUNG HALTEN MÜSSEN

ZWEI

SCHULDET MIR EINER GEBORGTES

ÜBER VEREINBARTE ZEIT

WERDE ICH MAHNEN

DASS ER SICH VON DER PFLICHT ZUR RÜCKGABE

ENDLICH BEFREIT

ANDERS IST ES BEIM ABMAHNEN GEMEINT

DENN DIE SOLL VORWARNEN

DASS ZUKÜNFTIGES VERTRAUEN HAT ERSTE RISSE

UND NOCHMALIGES VERSAGEN

DIE BINDUNG ZERREISST

KINDER BEGINNEN MIT STIFTEN ZU MALEN

OHNE EIN BESTIMMTES ZIEL ZU VERFOLGEN

IHRE AUGEN ERLEBEN DIE WIRKUNG

WENN SIE MIT DEN FARBEN KRITZELEIEN ERZEUGEN

STUDENTEN ÜBEN SICH IN IHREM METIER

INDEM SIE ABMALEN

WAS KÜNSTLER VOR IHNEN ERDACHT

UND KUNSTVOLL AUF DIE LEINWAND GEBRACHT

DAS MESSEN IST EINE NOTWENDIGKEIT

UM VERLÄUFE ZU VERGLEICHEN

OB WASSERPEGEL ODER FIEBER

OB LÄNGENWACHSTUM ODER GEWICHT

WOLLEN WIR DANN GEZIELT IN EINEN VERLAUF

EINGREIFEN

REAGIEREN WIR DURCH ABMESSEN DER MENGEN

DURCH WIR IN DEN VERLAUF EINGREIFEN

VORSÄTZLICH DARAUF

MUSTERN HEISST MIT DEN BLICKEN KRITISCH

UMLEUCHTEN

WAS UNSER GEHIRN ALS VORTEIL

ODER NACHTEIL BEWERTET

WENN WIR JEDOCH ABMUSTERN

STEHT UNSER WERTEURTEIL

BEREITS VORHER SCHON FEST

EINE GANZE TIERGATTUNG

IST NACH DEM NAGEN BENANNT

WEIL SIE SO IHRE NAHRUNG ERGREIFEN

DAS ABNAGEN TRENNT EINES VOM ANDERN

BEVOR DAS ERWÜNSCHTE

IN DEN GENUSSKREISLAUF GELANGT

SO HABEN MANCHE MENSCHEN EINEN

RIESENGEWINN

WENN SIE KNOCHEN ODER GRÄTEN ABNAGEN

OBWOHL DABEI WIRKLICH NUR DIE LUST IST

DER GEWINN

GESCHENKE NEHMEN WIR GERN ENTGEGEN

AUCH MÜHEN AUF DEM WEG

ZUM SELBST GEWÄHLTEN ZIEL

NEHMEN WIR IN KAUF

DOCH ZWINGT UNS DAS EIGENGEWICHT

UM GESUND ZU BLEIBEN ZUM ABNEHMEN

SIND WIR DURCH DIESE NOTWENDIGKEIT

GAR NICHT ERFREUT

WIR NEIGEN DAZU

ANGENEHMES BEVORZUGT ANZUSTREBEN

LEICHTES ZUERST ZU ERLEDIGEN

DEN EINFACHEN WEG ZU BESCHREITEN

KOMMT UNS BEIM NÄHERN AN EINEN MENSCHEN

JEDOCH UNANGENEHMER GERUCH ENTGEGEN

WERDEN WIR UNS ABNEIGEN

WIE WIR BEI GEFAHR UNS VOM LEICHTEREN

ABNEIGEN UND MÜHEVOLLES NEHMEN IN KAUF

REDEN WIR ABER VON DER VERNEINUNG

WIE NICHT ABGENEIGT

IST DAS NUR DIE UMSCHREIBUNG VON SEHR GERN

WARUM NICHT GLEICH DAS GEMEINTE AUCH SAGEN

RATEN BEREITET NUR FREUDE

WENN NICHT NOTWENDIGES IST BETROFFEN

DENN FÜR WESENTLICHES

ZÄHLT WISSEN IN JEDEM MOMENT

DAS WORT ABRATEN IST FÜR MICH EIN „UNWORT"

DENN WENN JEMAND MEHR ÜBER EINE SITUATION

WEISS ALS ICH

DANN SOLLTE ER MIR DAS WISSEN VERMITTELN

ABER EIN AUSSENSTEHENDER

HAT NOCH WENIGER DAS RECHT VON ETWAS

ABZURATEN ALS DAS

WAS MEIN WISSEN MEINE SEELE UND MEIN KÖRPER

MIT DEM EIGENEN LEBENSWILLEN MIR RATEN

DAS RECHNEN BEGLEITET UNS UNBEWUSST

VOM ERSTEN ATEMZUG

ALLES LEBEN ALS GANZES RECHNET

NACH VORTEIL UND NACHTEIL

FÜR SEINEN ERHALT

ERST VIEL SPÄTER BENUTZEN WIR

DURCH ZAHLENSYSTEME DIESE STRATEGIE

FÜR SOZIALES UNS MATERIELLES ÜBERLEBEN

IST ABER ABRECHNEN IM SINN

GEHT ES UM EINE ÜBERSICHT

UND WENN DER NACHTEIL ZU GROSS

DANN SIND DIE FOLGESTRATEGIEN

OFT NICHT ANGENEHM

FÜR SICH SELBST ODER AUCH FÜR ANDERE

WIR REIBEN DIE ÄPFEL ODER DIE MÖHREN

DAMIT SIE ZU BEABSICHTIGTER VERARBEITUNG

PASSEN

DIE PFERDE REIBEN DIE KÖPFE ANEINANDER

WEIL SIE SICH DADURCH IHR ZUGETANSEIN ZEIGEN

DOCH DAS GIFT

VON DEN SCHALEN BEHANDELTER ZITRUSFRÜCHTE

MÜSSEN WIR ABREIBEN WIE EINE MUTTER IHR KIND

NACH DEM BADEN DURCH ABREIBEN

VON DER NÄSSE BEFREIT

REISSEN SICH KINDER AN DEN HAAREN

WERDEN SIE ZUM EINHALT GEMAHNT

AUCH WENN SIE SEITEN AUS BÜCHERN REISSEN

WIRD SIE KORRIGIEREN ERZIEHENDER DANN

DOCH WÄCHST DER HOPFEN HOCH AN DEN STANGEN

MÜSSEN HELFER DER ERTE DANN DAFÜR SORGEN

DASS DURCH ABREISSEN DER SPROSSE

ERST MÖGLICH DIE ERNTE

SO IST ES AUCH EINE URALTE FORM

DIE FEDERN VOM SCHLACHTVIEH ZU REISSEN

UND DAS FLEISCH UND DAS KLEID

NUTZEND ZU VERWERTEN

ALTE RUINEN MUSS MAN OFT ABREISSEN

UM AN IHRER STELLE NEUE HÄUSER

ODER GRÜNANLAGEN ZU SCHAFFEN

NACH DEN GESETZEN SOLLTE MAN SICH RICHTEN

WIE MAN AUCH DIE ANTENNE NACH DEM SENDER

MUSS RICHTEN

DOCH ABRICHTEN WIRD NÖTIG

ZERSTÖRERISCHES VERHALTEN ZU BEWERTEN

WIE MENSCHEN BESTIMMTE TIERE ABRICHTEN

WENN SIE MIT IHNEN NÜTZLICH

ZUSAMMENARBEITEN WOLLEN

SO IST DAS ABRICHTEN VON TIEREN

MINEN ODER RAUSCHGIFT ANZUZEIGEN

FÜR ALLE VON NUTZEN

UND NICHT NUR EIN GEFÜGIGMACHEN

ZUM EIGENEN SPASS

RÄDER MÜSSEN ROLLEN DAS IST IHR ZWECK

UM SO WENIG REIBUNG WIE MÖGLICH ZU ERZEUGEN

DIE TEXTROLLE WURDE IM THEATER ABGEROLLT

SO KAM DAS WORT ROLLE AUF DIE BÜHNE

ABER IM SPORT VERMEIDET DER TURNER

MANCHE VERLETZUNG WENN ER BEI SEINER ROLLE

KÖRPERGERECHT ABROLLT

DIE ROLLE ALS GEGENSTAND

BEDINGT DAS ABROLLEN

WIE SIE ZUVOR DEM ZWECKE DES AUFROLLENS

GEDIENT

TISCHEN WERDEN DIE SÄGEKANTEN

DURCH SCHLEIFPAPIER ODER RASPELN GERUNDET

UM DEM WERKSTÜCK ZU GEBEN GEFÄLLIGE FORM

SOLLTE BEIM ZAHLEN JEMAND LIEBER ABRUNDEN

ALS AUFRUNDEN

WIRD IHN TREFFEN DES ZU BEZAHLENDEN ZORN

MEINE MEINUNG SAGEN SOLLTE ICH

ZU VIELEN DINGEN

DIE VON MEINER WERTENORM

SICH SEHR UNTERSCHEIDEN

DOCH SAGE ICH EINE HILFE

EINEN BEISTAND

EINE ZUARBEIT ZU

WIRD EIN ABSAGEN VERSTIMMEN DAS DU

UM IN EINER AUSSTELLUNG BILDER ZU SCHAUEN

SCHEUE ICH KEINE ZEIT UND KEINE MÜHE

DAS IN DIE LANDSCHAFT SCHAUEN

WÄHREND EINER FAHRT FÜHRT DAZU

DASS DIE ZEIT SCHNELLER VERGEHT

KINDER LERNEN EINE MENGE IM LEBEN

WEIL SIE IM ABSCHAUEN SIND SEHR GEÜBT

SIE WOLLEN SO WERDEN WIE ALLE GROSSEN

UND SIND DESHALB VON SICH AUS

UMS ABSCHAUEN BEMÜHT

MEIN FAHRRAD SCHIEBEN

MUSS ICH BEI EINER PANNE

DIE PFANNE VOM KOCHFELD

DAMIT NICHTS VERBRENNT

DOCH ABSCHIEBEN SCHMERZT

IMMER VIEL MEHR IN DER SEELE

ALS ES VON AUSSEN ZU SEHEN OFT IST

DIE BOBRODLER GEWINNEN AN FAHRT

WEIL DAS ABSCHIEBEN NÖTIG BEIM START

SCHICKEN MIR FREUNDE VOM URLAUB NEN GRUSS

IST DAS DENKEN AN SIE DANN EIN MUSS

FOLGT DADURCH DANN

NEID SEHNSUCHT GÖNNEN ODER ERINNERUNG

HÄNGT VOM EIGENEN ERLEBNISHUNGER AB

DIE ÜBERWEISUNG DIE FÜR LEISTUNG

VON MIR GEFORDERT

MUSS ICH PÜNKTLICH ABSCHICKEN

SONST WERDE ICH ZU STRAFEN VERDONNERT

SCHIESSEN DIE ERSTEN HALME

IM FRÜHLING AUS DER ERDE

ERWACHT WIEDER HOFFNUNG

AUF KOMMENDE WÄRME UND GRÜNE PRACHT

VERLANGEN DIE JÄGER DIE HEGE DES WILDES

IST OFT NÖTIGES ABSCHIESSEN DANN ANGESAGT

IM VOLKSMUND WIRD AUCH ABSCHIESSEN BENUTZT

WENN FREIHEIT FÜR NEUEN LOVER GESUCHT

WIR SCHLIESSEN DIE AUGEN

NICHT NUR ZUM SCHLAFEN

WENN WIR ERINNERUNG SUCHEN ODER

DEM GUTEN GESCHMACK WOLLEN FÜHLEN NACH

DOCH WERTVOLLES ERZWINGT DAS ABSCHLIESSEN

STETS UM ES VOR UNBEFUGTEN ZU SCHÜTZEN

SO WIE WIR WICHTIGE ARBEITEN ABSCHLIESSEN

WEIL SIE NUN NICHT MEHR NUR IM GEISTE

VORHANDEN UND SICH SO DER BEURTEIUNG DURCH

DIE AUSSENWELT STELLEN

66

MIR SCHMECKEN FAST ALLE SÜSSIGKEITEN

WIE AUCH SAURES ALS GEGENGEWICHT

DOCH WILL ICH FÜR ANDERE KOCHEN

IST ABSCHMECKEN BEDEUTSAM BEI JEDEM GERICHT

ICH VERSUCHE DURCH ABSCHMECKEN

MICH IN DIE ERWARTUNG ZU SCHLEICHEN

DIE DER ESSER WILL DURCH VERZEHR

FÜR SICH SELBST WILL ERREICHEN

SCHNEIDEN KANN ICH

STOFFE HAARE ODER AUCH FLEISCH UND GEMÜSE

DOCH ABSCHNEIDEN SOLL OFT

LÄSTIGES ENTFERNEN

DEN FUSSEL DEN FINGER ODER FUSS-NAGEL

DEN BART ODER STÖRENDEN AST

DIE WILDEN TRIEBE AN EINER ROSE

WERDE ICH ABSCHNEIDEN

UM ECHTWUCHS ZU ERHALTEN

WOGEGEN ICH DIE FENSTERSCHEIBEN SOLLTE

WIRKLICH SOFORT RICHTIG SCHNEIDEN

WEIL DURCH SPÄTERES ABSCHNEIDEN

DIE SCHEIBE OFT BRICHT

ICH SCHREIBE WAS MEIN GEIST GEBIETET

IN FORMULAREN MUSS ICH SCHREIBEN

NUR SO BEARBEITUNGEN WERDEN MÖGLICH

ERINNERUNGEN SCHREIBE ICH

FÜR DIE LESBARE FORM

DAMIT SIE NICHT FÜR IMMER VERLORN

DOCH ABSCHREIBEN IST NUR ERLAUBT

DER KALLIGRPHIE

UM SO EINER KUNSTFORM ZU FRÖNEN

DENN VON ANDEREN GEISTERN

DEN INHALT ZU STEHLEN

MUSS MAN JEDEM ERNSTHAFT VERWEHREN

JEDER KENNT DAS SCHUFTEN VOR EINEM TERMIN

DAS IST NICHT ZU VERGLEICHEN

MIT DEM TÄGLICHEN ABSCHUFTEN IN MANCHEM

BERUF

OFT SCHUFTEN MENSCHEN VON FRÜH AN BIS SPÄT

OHNE DASS JEMAND DIE FRÜCHTE DANN SIEHT

SEHEN KANN ICH WAS MIR GEFÄLLT

ODER AUCH WAS MICH NICHT FREUT

DAS AUGE SUCHT DIE INFORMATION

DOCH VON EINER BESTRAFUNG KANN ICH ABSEHEN

WENN DAS FEHLVERHALTEN ZUR REUE GEFÜHRT

SINGEN IST DIE SPRACHE DER SEELE

WENN SIE IM EINKLANG MIT SICH UND DER WELT

DOCH ABSINGEN VON NOTEN

MUSS ERST GELERNTSEIN

WEIL DAS UNS NICHT IN DIE WIEGE MIT FÄLLT

DIE ZÄUNE SPANNEN WIR FÜR FESTEN STAND

ZUM SCHUTZE DER TIERE ODER DES TERRAINS

DEN GÜRTEL SPANNEN WIR UM UNSERE TAILLE

DAMIT DIE HOSE NICHT RUTSCHT IN DIE KNIEKEHL

GANZ ANDERS IST DAS ABSPANNEN

SO WIE DIE PFERDE NACH DEM ABSPANNEN

SICH AUF KOPPELN ERHOLEN

UND FRIEDLICH GRASEN

SO WOLLEN WIR BEIM ABSPANNEN UNSERE

VORLIEBEN PFLEGEN

ABSPANNEN IST FÜR VIELE NICHT NICHTSTUN

SONDERN ENDLICH DEM SELBSTGEWÄHLTEN

HOBBY FRÖNEN

UND AUS DEM FREMDBESTIMMTEN HANDELN

FLIEHEN

DIE BESTE LERNMETHODE

IST DAS SPIELEN OHNE DRUCK

NUR IM PROBIEREN LERNST DU

EIN INSTRUMENT ZU SPIELEN

IST ES VORBEI MIT WIRKLICHEM SPIELEN

DENN DANN IST ABSPIELEN FÜR JAHRE NÖTIG

EHE DU SELBST VIELLEICHT MAL SPIELEN KANNST

WAS DEINE SEELE VON DIE VERLANGT

DAS STERBEN IST DER ENDPUNKT DES LEBENS

WENN ES DAS GANZE ZEITGLEICH BETRIFFT

IST DAS OKAY

DOCH WEHE WENN NUR TEILE BETROFFEN

UND DER NOCH LEBENDE TEIL

DAS TEILSTERBEN MUSS MIT ANSEHEN

IM PFLANZENDASEIN GEHÖRT DAS ABSTERBEN

ZUM KREISLAUF

UND AUCH DIE HAUT IST BEIM MENSCH

SOLCH EIN ORGAN

DOCH WERDEN GLIEDMASSEN DAVON BETROFFEN

HILFT NUR NOCH EIN CHIRURGISCHEN ENTFERN'N

STREIFEN KANN MICH EIN AUTO BEIM ÜBERHOLEN

UND WIRD DANN SPUREN AN MEINEM AUTO

HINTERLASSEN

AUCH WENN INSEKTEN

DEN POLLEN AM STEMPEL ABSTREIFEN

WERDEN DIE FRÜCHTE SPÄTER GEDEIHEN

STREIFE ICH MIT DER HAND ÜBER DIE STIRN

WILL ICH OFT UNBEWUSST LÄSTIGES ABSTREIFEN

PFEIFEN IST DIE FREUDE AM KLANG

WENN DER TEXT FEHLT ZUM GESANG

DOCH SCHIEDSRICHTER WERDEN ABPFEIFEN

WENN UNFAIRES SPIEL SICH BEGINNT

EINZUSCHLEICHEN

UM GRÖSSEREN SCHADEN DANN ZU VERHÜTEN

IST ABPFEIFEN GEBOTEN

AUCH WENN VIELE FANS DANN

SEHR WÜTEND PFEIFEN

DIE MÜCKEN PLAGEN

DIE KLEINEN UND DIE GROSSEN

WENN SIE IN DIE HAUT HINEINSTECHEN

VOR ALLEM WENN WIR UNS ABPLAGEN

BEI SCHWERER ARBEIT WIRD UNSER SCHWEISS

FÜR SIE ZUM HOCHGENUSS

MEINE SACHEN PACKEN WERDE ICH

WENN ICH DAS ARBEITSFELD

ODER DEN WOHNORT WECHSELE

ODER VOM MITMENSCHEN

DER GEMEINSAMEN WOHNUNG VERWIESEN

DOCH ABPACKEN

WERDE ICH DIE WEIHNACHTSKEKSE

WENN SIE AUF REISEN GEHEN SOLLEN

ALS GESCHENK

IM DUNKELN TASTEN WIR UNS VORAN

WEIL DIE AUGEN UNS NICHT ZEIGEN DEN WEG

DER DOKTOR WIRD ABTASTEN

DIE SCHMERZENDE STELLE

OB ER WAS UNGEWÖHNLICHES SPÜRT

DASS SEINER BEHANDLUNG BEDARF

TRINKEN IST EIN GRUNDBEDÜRFNIS

DAS UNS ERST LEBENDIG HÄLT

DOCH BENUTZEN WIR DAS WORT AUCH

FÜR ALKOHOLMISSBRAUCH

HAT DER FREUND DAS GLAS ZU VOLL GESCHENKT

WIRD MAN ERST ABTRINKEN

BEVOR MAN ES ZUM ANSTOSS SCHWENKT

TEILEN IST EINE KULTURERFINDUNG

DENN AUCH DAS TEILEN BEI TIEREN

MIT DEM WURF ODER DER BRUT FINDET EIN ENDE

VOM MENSCHEN WIRD ES LEBENSLANG VERLANGT

SCHON BEIM ABTEILEN DER ÄCKER

DER SCHLAMASSEL BEGANN

DIE HAARE MÜSSEN TROCKNEN

DAMIT SIE DIE EINGEDREHTEN LOCKEN BEHALTEN

WILL DER GEBADETE MENSCH

SICH IN GALAGARDEROBE KLEIDEN

MUSS ER DEN KÖRPER ERST ZUM ABTROCKNEN

REIBEN

WASCHEN BETRIFFT DAS REINIGEN MIT WASSER

EGAL OB LEBENDIG ODER UNBELEBT

DER STAUB DER ERDE HAFTET STETS AUF ALLEM

WAS SICH SELBST ODER WAS WIRD BEWEGT

SELBST WAS STILL LIEGT

SCHULD ABWASCHEN GELINGT NIEMALS

SIE IST INS LEBEN EINGESCHRIEBEN

DORT WO KEIN WASSER KANN EINDRINGEN

WIRD EBEN ABWASCHEN NIEMALS GELINGEN

WISCHEN WERDEN WIR FUSSBÖDEN BEIM PUTZEN

DOCH ABWISCHEN

NUR AUF HÖHEREN FLÄCHEN WIRD NUTZEN

MAN FRAGE MICH NICHT

WOHER DER UNTERSCHIED KOMMT

VIELLEICHT WEIL BEIM ABWISCHEN

MIT WASSER GESPART

ZAHLEN MUSS ICH MEINE ZECHE UND DER WIRT

WIRD NICHT AUF ABZAHLUNG HOFFEN

ER WILL DEN BETRAG SOFORT ERHALTEN

UND NICHT DURCH ABZAHLEN

DIE RESTSCHULD VERWALTEN

ZEICHNEN KANN MAN MIT KREIDE

BLEISTIFT BUNTSTIFT GRIFFEL UND TINTE

ALLES WAS DAS AUGE ERFASST

KANN DER KÜNSTLER

IM MATERIELLEN FESTHALTEN

OB ER ABZEICHNEN MEHR LIEBT

ALS ZEICHNEN AUS SEINER ERINNERUNG

IST DABEI VOM EINEN ZUM ANDEREN VERSCHIEDEN

DEN KARREN AUS DEM DRECK ZIEHEN

IST EIN GÄNGIGES IDIOM

WENN PROBLEME WARTEN AUF LÖSUNG

ABZIEHEN DER SCHUTZFOLIE BEIM AUFKLEBER

IST NÖTIG

WILLST DU AM AUTO DAMIT DANN PRAHLEN

ARMEEN SOLLEN ABZIEHEN

AUS FREMDEN LÄNDERN UND ENDLICH

SCHLUSSSTRICHE ZIEHEN

UNTER ALLEN KRIEGEN